LAISSE-MOI T'EXPLIQUER... LE SYNDROME DE GILLES DE LA TOURETTE
by Dominique Vézina

World copyright © 2014 Éditions Midi Trente
Korean translation copyright © 2016 Hanulimkids Publishing Co.
This Korean edition is published by arrangement with Editions Midi Trente through Ambre Communication Agency and Bookmaru Korea literary agency in Seoul.
All rights reserved.

이 책의 한국어판 저작권은 북마루코리아와 Ambre Communication을 통한 Éditions Midi Trente와의 독점 계약으로 한울림어린이가 소유합니다. 신저작권법에 의하여 한국 내에서 보호를 받는 저작물이므로 무단 전재와 복제를 금합니다.

틱과 투렛 증후군이 뭔지 알려줄게!

도미니크 베지나 글·김현아 옮김
안동현(한양대학교 정신건강의학과 교수) 추천·감수

한울림스페셜

추천글

틱과 투렛 증후군이 있어도 잘 해낼 수 있어요!

자기도 모르게 자꾸 눈을 깜박거리거나 어깨를 들썩이거나 '음음' '억억' 소리를 내는 증상을 '틱'이라고 합니다. 틱 증상이 복합적으로 1년 넘게 나타나는 경우엔 '투렛 증후군'이라고 하고요. 일부러 그러는 것도 아니고 그렇게 하지 않으면 답답해서 하는 건데 부모님이나 주위 사람들이 자꾸만 하지 말라고 하고, "너 왜 자꾸 이상한 행동을 하니?" 하고 지적하거나 자꾸 쳐다보면 속이 많이 상하지요. 또 그럴수록 더 참을 수 없게 되거나 긴장되어 틱을 더 하게 된답니다.

틱은 힘들 때 몇 주 동안 잠시 생겼다가 없어지기도 하고, 심해졌다가 좋아졌다가 하면서 오랜 세월 동안 계속되기도 합니다. 도대체 왜 이런 증상이 생기는 거냐고요? 이 책이 그 답을 알려 줄 거예요. 틱 증상을 줄이거나 해결하는 데 도움이 되는 방법뿐만 아니라, 틱과 투렛 증후군이 있는 가족이나 친구를 제대로 이해하고 도우며 즐겁게 지낼 수 있는 방법까지도 함께 알려 줄 겁니다. 기대되지 않나요?

우리 주변에는 틱을 하는 사람들이 의외로 많습니다. 하지만 대부분 눈에 띄지 않을 정도로 증상이 약하거나, 나름대로 어떻게 하면 좋아지는지를 터득해서 적당히 조절하면서 살아가지요. 물론 아주 심해서 많은 어려움을 겪는 경우도 있습니다. 여러분이 틱 혹은 투렛 증후군이라는 진단을 받았다면 어떻게 해야 할까요? 증상이 점점 심해지거나 너무 힘들 때는 약을 먹어야 할 수도 있지만 부모님과 함께 틱을 조절하는 방법을 잘 익힌다면 상당히 많이 좋아질 수도 있습니다. 제 주변에도 세계적으로 유명한 미국의 대학교수, 우리나라의 유명한 의사, 아나운서 등 틱이 있는데도 잘 조절하고 해결해서 자신의 분야에서 당당하게 제 몫을 다하고 있는 분들이 많답니다.

틱을 한다고요? 투렛 증후군 진단을 받았다고요? 자신의 증상을 조절할 수 있다는 용기와 자신감, 그리고 끊임없는 노력이 있다면 무엇이든 얼마든지 잘 해낼 수 있어요! 주변에 틱과 투렛 증후군이 있는 가족이나 친구가 있다고요? 그들을 진정으로 이해한다면 얼마든지 더불어 행복하게 지낼 수 있답니다!

안동현 (한양대학교 의과대학 정신건강의학과 교수)

안녕! 내 이름은 **막심**이야.
나는 초등학교 4학년이고, 아이스하키를
무척 좋아해. 내가 가장 좋아하는 아이스하키 팀은
'몬트리올 커네이디언스'야.

며칠 전에 사촌 형 시몽이 내 생일 선물로
아이스하키 경기 표를 줬어.
그 순간 얼마나 기뻤는지 몰라!

그런데 막상 경기를 보러 가려니 조금 걱정이 돼.
사실은 내가 **투렛 증후군**이 있거든.

넌 투렛 증후군이 뭔지 아니?

투렛 증후군을 알기 위해서는
먼저 '틱'을 알아야 해.

틱은 원하지도 않는데 계속해서 빠르고 **불규칙하게 몸이 움직이거나**
(운동틱) **소리를 내는**(음성틱) 증상을 말해. **투렛 증후군**은 이러한
틱 증상이 복합적으로 1년 넘게 나타나는 경우를 뜻하지.

틱과 투렛 증후군에 대해 아직은 잘 모르겠지?
지금부터 내가 차근차근 알려 줄게.

내가 어렸을 때부터 우리 엄마 아빠는
나 때문에 걱정이 많았대.
갑자기 이상한 소리를 내거나 하지 않던
몸짓을 하니까. 잠도 제대로 안 자고,
가끔은 화를 벌컥 내기도 했대.
엄마 아빠 말로는 어떤 날엔
화내는 내 모습이 마치……

태풍 토네이도가 몰려오는 것 같았대!

다섯 살쯤 되었을 때 여러 증상들이 나타나기 시작했어.
말할 때 "음! 음!" "억! 억!"이라는 소리가
자주 튀어나와서 제대로 말을 할 수 없었어.
또 쉬지 않고 눈을 깜빡였어.
윙크를 하려던 게 아니었는데도 말이야.
게다가 오른쪽 귀를 만졌다가 왼쪽 귀를 만졌다가
다시 오른쪽 귀를 만지고 왼쪽 귀를 만지는 동작을
수없이 하고 또 했어.

**갑자기 제멋대로 자꾸 같은 동작이나
소리를 반복하는 것을 틱이라고 해.**

학교에 들어간 뒤로
난 폭발할 때가 많았어.
뭔가를 해 보려는데 생각대로
잘 되지 않는 거야.
도무지 집중할 수가 없었거든.

엄마 아빠는 내 상태가 좋지 않다는 걸 알아차렸어. 그래서 나를 데리고 병원에 갔지.
의사 선생님은 엄마 아빠와 많은 이야기를 나누었어.
엄마 아빠는 선생님들이 물어보는 많은 질문에 대답을 했고, 나는 놀이를 했어.
내가 노는 모습을 보면 나한테 어떤 문제가 있는지 알아내는 데 도움이 된대.
그렇게 해서 나는 내가 투렛 증후군 이라는 사실을 알게 되었어.

> 투렛 증후군 때문에 몸이
> 내 말을 듣지 않았던 거야.

너 이거 아니?

몇몇 연구자들은 투렛 증후군이 유전된다고 생각한대.
투렛 증후군이 있는 부모가 투렛 증후군 유전자를 아이에게
유전시킬 확률은 50퍼센트나 된다고 해.

또 투렛 증후군은 여자아이보다 남자아이가
3배에서 5배나 더 많다고 해.

투렛 증후군은 신경에 문제가 생긴 거라고
의사 선생님이 설명해 주셨어. 정확히 말하면
뇌 속에 있는 신경 체계 에 문제가 생긴 거지.

뇌는 정보를 전달하고 결정을 내릴 때
수천 개의 신경 세포 를 사용해.

기다란 모양의 신경 세포에는 많은 수용체가 달려 있어.
이 세포들은 우리가 신경 전달 물질 이라고 부르는
분자들의 도움을 받아 서로 연락을 주고받아.

나를 치료해 주시는 의사 선생님이야. 나한테 모든 걸 설명해 주시지.

뇌를 커다란 숲이라고 상상해 봐.
이 숲에서 **나무 하나하나는
너의 뇌에 있는 세포 같은 거야.**
수용체는 다른 나무에 맞닿은
작은 나뭇가지들과 같고.
**나는 '신경 전달 물질' 하면
이 나무에서 저 나무로 소식을 전하는
다람쥐들이 떠올라.**

신경 전달 물질들(다람쥐들)은 뇌에서 아주 중요한 역할을 해.

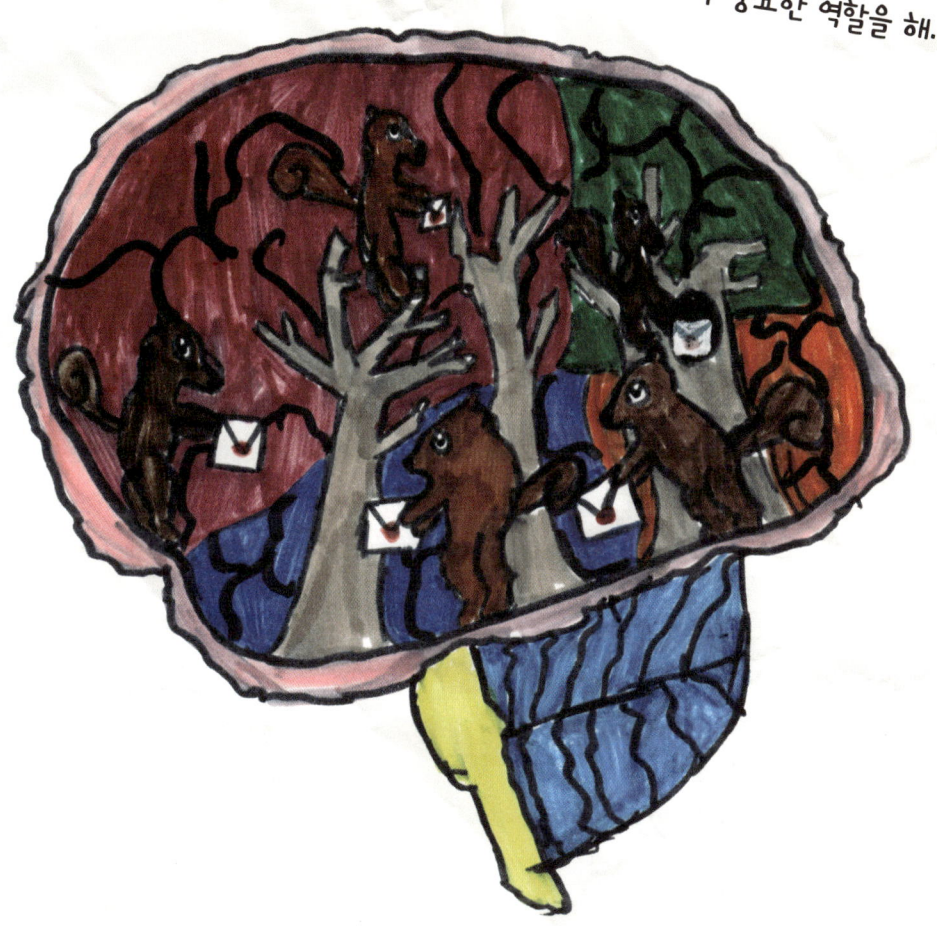

투렛 증후군이 있는 사람에게 가장 큰 문제는
도파민 과 세로토닌 이라는 신경 전달 물질이 너무 많이 나온다는 거야.
쉽게 말하면 다람쥐들이 자기 일을 제대로 못하는 것과 같아.
어떤 소식들을 제때 전달하지 못해서
뇌가 몸에 잘못된 메시지를 전달하게 되는 거야.
그래서 의지와 상관없이 어떤 몸짓이나 소리를 내는

틱 증상을 보이게 돼.

투렛 증후군의 중심에는 틱이 있다!

틱에는 두 가지 종류가 있어.

1. 운동틱
2. 음성틱

내 몸이 내 맘과 다르게 움직이거나 딸꾹질 같은 소리가 갑작스럽게 나고 재채기 같은 소리가 갑자기 터져 나오는 것을 틱이라고 한대. **하루에도 수십 번씩, 거의 매일매일.**

에취!

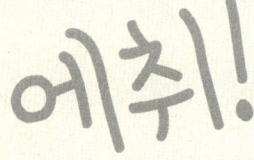

너 이거 아니?

재채기를 할 때 시속 160km 정도의 센 바람이 나온다는 걸 아니? 재채기는 어느 순간 갑자기 나오는 거야. 가끔은 잘 참고 넘어가기도 하지만 참을 새도 없이 터져 나오기도 해. 에취! **틱은 재채기 같은 거야. 빠르고, 강하고, 뜻하지 않은 거지. 잠시 동안 틱을 참는 데도 엄청난 노력이 필요해.** 나는 어떨 땐 틱을 한 번 하지만 어떨 땐 연달아 여러 번 하기도 해. 알레르기가 있는 사람이 계속해서 재채기하는 것처럼 말이야.

몸을 움직이는 운동틱

나도 모르게 갑자기 머리나 어깨 등 몸이 빠르게 계속 움직이는 것이 **운동틱**이야.
예를 들어 나는 머리를 왼쪽으로 기울였다 오른쪽으로 기울였다 하거나
어깨를 으쓱거리지. 또 나는 손을 계속해서 쥐었다 폈다 하기도 해.
심할 땐 연필을 쥐고 있을 수 없을 정도야.
발을 동동 구르기도 하는데,

 이때 주변 사람들이 나를 쳐다보면
창피하기도 하고 굉장히 속상해.

만약 하키 경기를 보러 갔는데
내가 그 많은 사람들 앞에서 계속 틱을 한다고
생각해 봐. 생각만 해도 너무 끔찍해!

운동틱에는 두 종류가 있어.

단순 틱 (한 종류의 근육만을 움직이는 경우)
- 눈꺼풀을 깜빡이거나 눈과 관련된 다른 틱
- 자기 입술을 핥거나 물어뜯기
- 코에 주름이 생길 정도로 찡그리기
- 어깨 들썩이기
- 목 빼기
- 손가락 관절 꺾어 소리 내기
- 눈살 찌푸리기 등

복합 틱 (여러 종류의 근육을 사용하는 경우. 복합 틱은 더 길게 나타나고 여러 개의 단순 틱이 결합된 것일 수 있다.)
- 자기 옷을 잘근잘근 씹기
- 손가락으로 탁탁 두드리기
- 깡충깡충 뛰기
- 물건의 냄새를 맡기
- 사람이나 물건을 만지기
- 다리 흔들기
- 다른 사람의 행동 따라 하기 등

소리를 내는 음성틱

참으려고 노력해도 참지 못해서 소리가 튀어나오는 게 **음성틱**이야.
나는 노래의 한 소절을 목이 터져라 계속 반복해서 부르곤 해.
음성틱은 **너무 자주** 나타나는 데다가 내가 그런 소리를 낼 때마다
사람들이 모두 쳐다봐서 난처할 때가 많아.

생각해 보니, 하키 경기장에서
관중석에 있으면 사람들이 모두
흥분해서 떠드느라 내가 틱을 해도
아무도 관심을 갖지 않을 거야.
정말 잘됐어!

음성틱에는 두 종류가 있어.

단순 음성틱 (짧게 하는 음성틱)
- 코 훌쩍이기
- 휘파람 불기
- 마른기침 하기
- 입으로 소리 내기
- 혀 차는 소리 내기
- 기침하기
- 동물 소리 흉내 내기
- 욕설하기 등

복합 음성틱 (좀 더 길게 하는 음성틱)
- 시끄러운 소리를 내며 숨 쉬기/냄새 맡기
- 어떤 구호나 한 음절의 말을 반복해서 말하기
- 고함을 지르거나 큰 소리로 말하기
- 끊임없이 콧노래 부르기
- 계속해서 같은 말 중얼거리기
- 남이 하는 말을 반복해서 따라 하기
- 과장해서 웃기
- 이유 없이 상스러운 말, 나쁜 말 하기 등

틱을 하지 않고 참아 보려고 노력하면
잠깐 동안은 견딜 수 있기도 해.

▶ **하지만 그러려면 내 온 힘을 다 쏟아야 해.**

틱을 참는 것 말고는 아무 생각도 할 수가 없어져.
그래서 선생님이 무슨 말을 하는지 하나도 들리지 않고
공부에도 **집중할 수가 없어.**
모기 물린 데를 긁지 않으려고 애쓰는 거랑 똑같아.
긁지 않고 참을수록 더 간지럽잖아!

나더러 방해가 되니 틱을 멈춰 달라고 하면
상황은 더욱 나빠져. 가끔 틱을 하지 않으려고
너무 노력을 하다 보면 머리가 아프기도 해!
사람들이 내 틱에 대해 말을 하고 쳐다볼수록,
나는 더 심하게 틱을 해. **스트레스를 받아서 그래.**

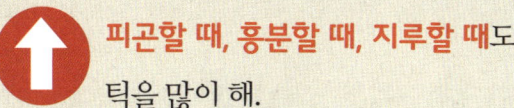 **피곤할 때, 흥분할 때, 지루할 때도**
틱을 많이 해.

하지만 하키 경기를 볼 때처럼 뭔가에
집중하고 있을 때는 틱이 줄어들어.

가끔은 아이들이 나를 놀리거나 내 흉내를 내기도 해.
그럴 때 나는 화가 나.
그리고 이렇게 짜증이 날 때면 나는 틱을 훨씬 많이 해.

나를 보고 눈을 부릅뜨고, 손가락으로 가리키는 어른들도 있어.
그럴 때 나는 정말 마음이 아파. 어디론가 사라져 버리고 싶을 정도로……

나를 도와주는 가장 좋은 방법은 틱을 **못 들은 척, 못 본 척**하는 거야.

남들이 틱을 모르는 체하면 틱을 덜하게 돼.

가끔씩 나는 사람들이 진짜 내 모습이 아닌,
내 틱만 본다는 느낌이 들어.

사람들이
알아줬으면
좋겠어.

나도 장점이 많은 아이라는 걸.

이것저것
잘하는 것이
많다니까!

난 펑크 난 자전거 바퀴를 고칠 줄 알고,
영화 '호빗'에 나오는 등장인물들의 이름을
다 외우고 있고, 세상에서 가장 맛있는
바나나 빵을 만들 수도 있어.

담임 선생님은 내가 우리 반 친구들에게 틱과 투렛 증후군에
대해 설명할 시간을 마련해 주셨어. 내 이야기를 들은 다음부터
친구들은 나를 놀리지 않아.
내가 이상한 짓을 한다고 말하던 애들도.
그리고 어쩌다 내가 틱을 심하게 많이 할 때면
친구들은 일부러 다른 곳을 쳐다보며
모르는 척해 줘.

나는 운동틱을 줄이는
여러 가지 방법을 알고 있어.
예를 들면 손이 심심하지 않게
만지작거릴 만한 작은 물건을
손에 쥐고 있는 거야.
몸을 편안하게 해 주고
근육을 풀어 주는 **호흡법을**
활용하는 방법도 있지.

작업 치료 선생님은 음성틱을 줄일 수 있는 방법도 알려 주셨어.

하키 경기를 볼 때
씹을 만한 것을
입에 넣고 있어도 좋고,

무설탕 껌을
씹을 수도 있고,

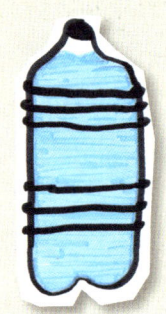

아니면 물을
마시는 것도 괜찮아.

나는 이 방법을 다 써 봤는데 효과가 정말 좋았어!

> 어떤 친구들은
> 나와 다른 종류의
> 틱 증상을 나타내.

욕을 하는 친구

내 친구 제레미는
욕을 하거나 기분 나쁜
말을 계속 되풀이하는
음성틱을 해. 대화를 나누거나 무언가를 하다가도
그 상황과 상관없는 공격적인 말을 불쑥 내뱉어.
잘 모르는 사람들은 깜짝 놀라면서 제레미를
예의 없는 아이라고 생각하지.

성기를 만지는 친구

마리오는 종종 자기 성기를
만지곤 해. 물론 일부러 그러는 건
아냐. 여러 틱 증상 가운데 하나일
뿐이지. 난 마리오를 충분히
이해하지만 우연히 마리오의
행동을 본 사람들은 마리오를
버릇없는 아이라고 오해해.

따라 하는 친구

줄리엣은 다른 사람들의 동작을
따라 해. 특히 사람들의 손동작을
마치 거울에 비친 것처럼 똑같이
따라 하지. 이따금씩 사람들은
줄리엣이 자신들을 놀린다고
생각해. 하지만 절대 놀리려는 건
아니야. 자기도 모르게 그렇게
행동하게 되는 거거든.

앞에서 말한 것처럼 틱 증상들은 겉으로 잘 드러나. 하지만 틱이 있는 친구들 중에는 잘 드러나지 않는 다른 여러 가지 어려움들을 겪는 경우도 있지.

옆쪽에 그려진 해 그림을 보면 알 수 있어.

물론 모두가 이러한 어려움을 다 겪는 건 아니야. 어떤 친구는 이 가운데 일부만 겪기도 하고, 저마다 겪는 증상의 강도도 다 다르지.

운동틱과 음성틱

- 아무런 이유없이 계속하는 행동
- 학습을 제대로 하지 못함
- 좋았다 나빴다 자주 바뀌는 기분
- 강박관념
- 불안함
- 충동적인 행동
- 갑자기 분노가 폭발함
- 또래에 비해 철이 들지 않음
- 사람들을 화나게 만들기 / 반항하기
- 감정을 참지 못함
- 참을 제대로 자지 못함
- 과잉 행동 / 집중력 부족

쉽게 이해할 수 있도록 내가 좀 더 자세하게 설명해 줄게.

19

계획을 세우거나 구성하는 것을 잘 못해

나는 내가 해야 할 일을 차근차근
계획 세우는 일이 참 어려워.
**어떤 일을 시작하면 어느새
머리로는 다른 생각을 하고 있어.
늘 정신이 산만하고, 물건을 어디에
두었는지 찾느라 바쁘지.
휴, 머릿속이 온통 뒤죽박죽이라니까!**

하키 경기 표는 절대 잃어버리면
안되는데! 아무래도 표를 엄마한테
맡겨야겠어.

할 일의 순서를 정하는 데 도움이 되는 방법

* 그림으로 그리기
* 할 일들을 명확하고 짧게 메모해 놓기
* 공부하는 자리를 정돈하고 조용하게 유지하기
* 해야 할 일을 세세하게 나누어 놓기

충동적으로 행동해

**나는 나중에 어떤 일이 벌어질지 생각하지 않고 행동할 때가 많아.
누가 뭘 물어보면 너무 빨리 대답해 버리고 실수도 많이 하지.
그럴 생각은 없었는데 사람들을 깜짝 놀라게 하는 일을 벌이고,
아무것도 아닌 일에 화를 내기도 해.** 선생님이 여유 있게 행동하고,
어떤 일을 하거나 말을 꺼내기 전에 곰곰이 생각하는 방법을 가르쳐 주시지만
나한테는 어려운 일이야.

시도 때도 없이 움직이고 집중력이 부족해

나는 수업 시간에 집중하는 게 참 힘들어.
째깍째깍 시계 소리조차 나한테는 방해가 되거든.
움직이고 싶어서 몸이 근질근질, 가만히 앉아 있는 것도 너무 어려워. 의사 선생님 말로는
내가 너무 활동적이라서 그런 거래.

그나저나 하키 경기 때문에 걱정이야. 내가 과연 경기에 집중할 수 있을까?
하키 경기 시간은 꽤 긴데.
집에서 텔레비전으로 하키 경기를 볼 때는 움직일 수도 있고, 춤을 출 수도 있고, 펄쩍펄쩍 뛰면서 마음껏 노래를 부를 수도 있잖아.
통로 쪽 자리에 앉으면 가끔씩 일어날 수 있을까?

집중하는 데 도움이 되는 방법

* 책상과 주변을 정리한다.
* 교실에서 앞자리에 앉는다.
* 메모하는 습관을 기른다.

움직이고 싶을 때 도움이 되는 아이디어

* 의자 대신 커다란 운동용 공에 앉는다.
* 자세 교정을 위해 만들어진 특별한 쿠션을 사용하거나 무게감 있는 인형을 어깨나 목, 허벅지 위에 올려 둔다.

공부하는 게 힘들어

학교에서 **내 생각을 말하고, 읽고, 쓰는 모든 것이 나는 너무 어려워.**
어떤 단어들은 내 머릿속에서 아예 사라져 버리는 것 같아.
그건 그 단어들이 내 머릿속 서랍 중에서도 가장 열기 어려운 서랍 속에
꼭꼭 숨어 버리기 때문이래.
나를 치료해 주시는 선생님들은 늘 끈기 있게 나를 기다려 주셔.
내가 공부하는 데 도움이 될 만한 방법과 활동도 열심히 찾아서 알려 주시지.

너 이거 아니?
투렛 증후군이 있는 사람들 중에는 **언어 장애**가 있는 사람들도 있어. 자신의 생각이나 하고 싶은 말을 표현하는 게 힘든 경우도 있고, 말을 더듬거나 발음이 정확하지 않은 경우도 있지.

이런 여러 가지 어려움 때문에 공부하는 게 힘들긴 하지만, 나도 <mark>다른 친구들만큼은</mark> 똑똑해!

싫어! 아니야! 안 해!

반대하고 반항하기

내가 한번 아니라고 마음먹으면 그건 진짜 아닌 거야. 나는 다른 사람들의 말을 듣지 않고, **내가 옳다고 생각하는 것만 믿어. 모든 것을 내 맘대로 결정하고 싶어.** 그리고 난 엄마가 뭘 하라고 하면 반대로 대답해.

내가 반대로만 하겠다고 고집을 부릴 때 엄마는 쓰는 작전이 있어. 내 관심을 다른 쪽으로 돌려놓는 거야. 아빠는 농담 작전을 펼치지. 나를 웃겨서 내가 뭔가를 반대하고 있었다는 걸 잊게 해 줘. 이런 방법들은 꽤 효과가 좋아서 나는 고비를 넘길 수가 있어.

> 사과 먹을래?
> **아니,** 초콜릿 먹을 거야!

> 이제 그만 자라.
> **싫어,** **절대** 안 자!

내 마음속엔 시한폭탄이 들어 있어

내 마음속 화산은 순식간에 폭발해! 기분이 좋다가도 아주 사소한 일 때문에 갑자기 화가 나기도 해. **나는 내 또래의 다른 아이들보다 참을성이 부족해. 그리고 더 격렬하게 화를 내지.**

그런데 화가 사그라지면 금세 기분이 좋아져. 심지어 내가 왜 화가 났었는지 생각나지 않을 때도 많아. 토네이도가 난장판을 만들어 놓고 지나간 것 같다니까!

나는 **감정을 조절하는 게 너무 어려워.** 내가 느끼는 감정을 표현하는 것도 무척 힘들어. **화나고 슬프고 불안하고 두려운** 감정이 나에게는 다 똑같이 느껴지기 때문이야.

학교에서 심리 상담 선생님이 다양한 예를 들어서 여러 감정들을 구별하는 법을 알려 주셨어. 나는 **내 마음에서 일어나는 갈등을 미리 방지하고 해결하는 방법**도 배웠지.

담임 선생님은 교실에 나만의
특별한 자리를 마련해 주셨어.
한쪽 구석에 작은 텐트를
쳐 주신 거야.
작은 텐트는 정말 멋져!
반 친구들이 나를 보지 못하도록
숨기에 안성맞춤이거든.
그 속에 들어가 있으면
마음이 아주 차분해져.

나의 조용한 구석 자리

엄마 아빠는 나를 위해 우리 집에도 그런 장소를 마련해 주셨어.
나는 그 구석진 나만의 공간에 여러 가지 자잘한 물건들을
숨겨 놓았지.
그 물건들은 나쁜 감정이 올라온다는 느낌이 들 때
마음을 다스리는 데 도움이 돼.

아이스하키 경기를 볼 때 내가 좋아하는
스트레스 예방용 공을 손에 쥐고 있어야 해.
흥분하지 않으려면 꼭 필요하지.
내가 응원하는 팀이 경기에서 질 수도 있으니까.

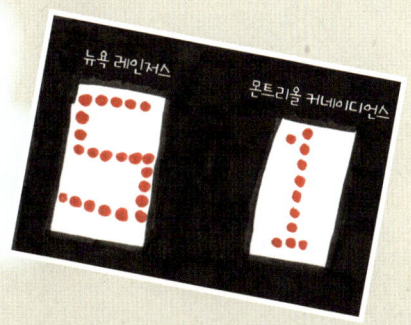

감각이 굉장히 예민해

작업 치료를 받으면서 알게 된 사실인데,
내 감각은 다른 친구들과 달리 굉장히 예민하대.
감각이 아주 많이 발달되어 있는 거야.
더 쉽게 이야기하자면, 나한테는 소리가 너무 크게 들려서
공부하는 데 방해가 돼.
텔레비전을 틀어 놓고, 잔디 깎는 기계 소리와
록 음악을 들으면서 공부를 하는 셈이야.
그러니 도저히 공부를 할 수가 없지!

특정한 감각들이 나를 혼란스럽게 만들기도 해.
옷의 솔기나 라벨이 살갗을 살짝만 스쳐도 기분이 아주 나빠져.
그래서 나는 **뻣뻣한** 청바지보다 **부드러운** 운동복 바지를 훨씬 더
좋아해. 머리를 빗거나 손톱을 깎는 것도 나는 고통스러워.

너 이거 아니?
투렛 증후군이 있는 사람들 중 어떤 사람들은 정반대의 증상을 보이기도 해. 그 사람들이 겪는 문제는 감각이 무디다는 거야. 따라서 어떤 감각을 느끼려면 강한 자극이 필요하지.

강박

나는 숫자를 굉장히 좋아해!
이렇게 자주 머릿속으로 수를 세지.
1, 2, 3, 1, 2, 3, 1, 2…….
어른들이 그러는데 이런 걸 강박이라고 한대.
처음에는 내가 정신이 이상해졌다고 생각했는데,
지금은 내가 왜 그러는지 알게 됐어.
정말 다행이지 뭐야!

강박은 사람마다 아주 다르게 나타나. 예를 들어 **대칭에 대한 강박**이
있는 사람은 오른쪽과 왼쪽이 아주 똑같아야 해. **확인하는 강박**이
있는 사람은 모든 것을 몇 번이고 확인해야만 하고.

난 수를 세는 동안 다른 것에는 집중할 수가 없어.
그런데 만약 하키 경기장에 가서 관중석 의자의 개수를
세기 시작한다면? 어쩌면 경기장에 들어선 순간에는
그럴지 몰라. 하지만 경기가 시작되면 분명히 난 경기에
더 열중하게 될 거야!

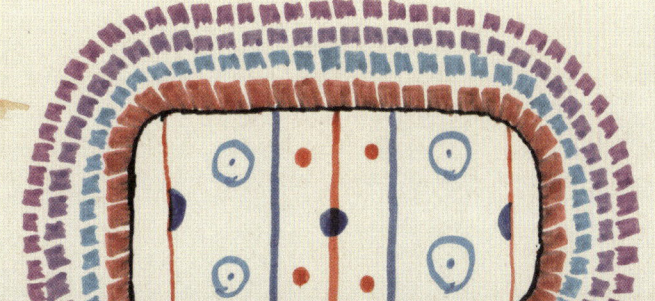

불안

나는 불안할 때면 심장이 평소보다 훨씬 더 빨리 뛰어.
몸이 더워지고, 기분이 나빠지고, 걱정도 많아지지.
새로운 일을 하거나 일정이 바뀌거나 낯선 곳에 가면 나는 불안해져.
꼭 미러볼이 배 속에서 쉬지 않고 돌아가는 것 같은 느낌이 들어.

가끔은 대재앙이 일어나는 상황을 상상하면서
진짜 그런 일이 일어날까 봐 걱정하기도 해.
이번 생일 선물도 그래. 물론 나는 하키를 정말
좋아하지만…… 하키 경기장은 너무 크잖아.
나는 경기장이라곤 가 본 적도 없단 말이야.
길이라도 잃어버리면 어떡해.
경기장은 사람들로 가득하고
엄청나게 시끄러울 텐데…….
아, 어떡하지! 아무래도 경기장에 못 갈 것 같아!

불안을 줄이는 데 도움이 되는 것

* 변화와 새로운 경험에 대해 차근차근 생각하고, 이해하고, 받아들이기
* '재앙'에 관해 잘못 생각하고 있는 부분을 인정하고 수정하기
* 긴장을 푸는 방법, 호흡법을 실제로 해 보기

잠을 푹 자기가 어려워

나는 잠을 푹 잘 수 없어. 잠이 깊이 들지 않고 악몽을 자주 꾸기도 해.
심지어 가끔은 몽유병 때문에 자는 동안 걸어 다니기도 하고, 잠꼬대도 해.
그래서 나는 잠잘 때 할머니가 쓰시던 무거운 이불을 덮어.
그럼 안심이 돼서 깊은 잠을 자는 데 도움이 되거든.

한번은 사촌이 자기네 집에서 같이 자자고 나를 초대한 적이 있는데,
그때 난 엄마 냄새가 배어 있는 담요를 가지고 갔어.
그 담요를 덮으면 집에서 자는 것처럼
잠을 잘 수가 있으니까.

아직까지 완전히 낫게 할 방법은 없어.

그래도 희망적인 건 사춘기가 지나면 증상이 줄어들거나 안정되기도 한대.

하지만 당장은 내게 나타나는 여러 가지 틱과 강박증을
조절하고 집중력에 도움이 되는 약을 먹고 있어.
어떤 약을 얼마나 먹을지는 의사 선생님이
부모님과 나와 의논해서 정해.

물론 약을 먹는다고 증상이 감쪽같이 사라지지는 않아.

그래도 학교와 병원에서 여러 선생님들을 만나면 기분이 더 좋아지고
내 증상들을 조절하는 데도 도움이 돼.
엄마 아빠도 나를 많이 도와주시고.

그야말로 여러 사람이
한 팀을 이루는 거지.
하키처럼 말이야!

많은 어려움을 겪고 있긴 하지만 그래도 나는 가족과 함께 열심히 여러 가지 활동을 해. 엄마 아빠는 언제나 내게 용기를 주셔.

부모님의 격려가 나에게는 큰 힘이 돼.

나는 내가 다르다는 걸 잘 알아. 하지만 나도 친구들을 사귀고 싶고, 멋진 삶을 살고 싶어. 하키 경기도 하고 싶고, 직업도 갖고 싶고, 여자 친구들과도 어울려 놀고 싶어. 이렇게 하고 싶은 것들이 생기다 보니 처음엔 나에게 투렛 증후군이 있다는 사실을 인정하는 게 어려웠어.

그렇지만 지금 나는 이전보다 나를 훨씬 잘 이해하고 있어.

그래, 결심했어. 하키 경기를 구경하러 갈 거야!

부모와 교사, 함께 나누고 싶은 이야기

투렛 증후군 아이가 있는 가족에게는 많은 시련이 도사리고 있습니다. 아이는 어느 순간 폭발하듯 화를 내기도 하고, 불안해하고, 틱과 강박 증상을 보입니다. 부모들은 이런 수많은 일들을 겪으며 하루하루를 줄타기하듯 살아야 합니다. 또한 아이가 겪는 수면 장애 때문에 잦은 피로와 싸워야 하지요. 아이 돌보기에 지친 부모가 늘 현명하고 합리적이고 참을성 있게 행동할 수 없으리라는 건 당연합니다. **부모님들에게 맨 먼저 드리고 싶은 조언은 무슨 수를 쓰든 초심을 잃지 않으려고 노력하면서 지치지 않을 방법을 찾으시라는 것입니다.** 자기 자신을 잃어버리면 안 됩니다.

아이가 폭발하듯 화를 내는 일은 가족 모두에게 힘겨운 일입니다. 아이는 부모를 사랑하지만 분노가 폭발했을 때는 현실 세계와 이어진 끈을 놓쳐 버리고 전혀 다른 엉뚱한 말을 하거나 욕을 내뱉기도 합니다. 이런 일이 생길 때마다 상처받지 않으려면 단단한 껍질로 자신을 감싸는 것이 필요합니다. 긍정적인 순간에 삶의 초점을 맞추고 절망적인 일들은 한쪽으로 밀쳐 두는 것이 이런 힘겨운 순간을 극복하는 좋은 방법이 됩니다.

> **진단 기준**
>
> 투렛 증후군을 진단하려면 소아정신건강의학과 의사가 적어도 두 가지 이상의 운동틱과 한 가지 이상의 음성틱을 적어도 1년 이상, 18세 이전에 관찰할 수 있어야 합니다.
> 틱은 같은 기간 동안 강도나 빈도가 변화할 수 있고 바뀔 수도 있습니다. 그리고 경우에 따라 관찰하거나 확인하기 어렵거나 눈에 띄지 않을 수도 있기 때문에 주의 깊게 살펴야 합니다.
> 틱이 18세 이전에 나타났다면 증상은 성인이 되어서도 이어질 수 있다는 점에 유의해야 합니다.

> 투렛 증후군 아이들은 다양한 사회적인 상황들을 배워야 합니다. 사회생활에는 관습, 예의범절 같은 것들이 포함되는데, 이런 것들은 말로 설명하기가 어렵습니다. 남들이 어떻게 하는지 보면서 자연스럽게 몸에 익혀야 하지요. 그런데 투렛 증후군이 있는 아이들에게는 이것이 말처럼 간단하지 않습니다. 따라서 투렛 증후군 아이들에게는 어떤 상황에서 어떤 행동을 해야 하는지 설명해 주고 바람직한 행동 방식을 끊임없이 상기시켜 몸에 밸 수 있도록 도와주어야 합니다.
>
> *실제로 활용하기 좋은 방법: 규칙을 설명할 때는 긍정적인 말들을 사용하는 것이 훨씬 좋습니다. 예를 들면 "너무 큰 소리로 이야기하지 마."라고 말하는 것보다는 "소곤소곤 이야기하렴."이라고 말하는 것이지요. 적절하지 않은 행동을 모두 나열하는 것보다 사람들이 기대하는 행동이 어떤 것인지 콕 집어 알려 주어야 아이가 더 쉽게 받아들입니다.

학교에서는 선생님들의 도움이 절실합니다. 도움을 주려면 먼저 선생님들이 투렛 증후군에 대해 알고 관심을 가져야 합니다. 그래야 아이를 위한 적절한 대처를 할 수 있고, 다른 아이들이 투렛 증후군이 있는 아이의 행동을 이해하고 너그러운 마음으로 배려하도록 도와줄 수 있기 때문입니다.

아이가 학교에서 가까이 지내는 모든 사람들과 만나는 장면을 미리 예측하는 일도 중요합니다. 그런 다음 사람들을 만나는 과정에서 아이가 겪을 수 있는 어려움에 대해 아이와 의논하고, 사람을 만나는 방법과 목적을 설정해야 하지요. 학교뿐만 아니라 아이가 자주 드나드는 모든 장소에 이 방식을 적용하면 더욱 효과적입니다. 그리고 아이가 이러한 방식으로 사람들을 만나는 것을 관찰함으로써 수업과 평가에 적응할 수 있을지를 판가름할 수 있을 것입니다.

약물 치료도 도움이 될 수 있습니다. 물론 여러 가지 성분을 테스트해 보고 아이에게 맞는 성분을 찾아야 합니다. 그러려면 시간을 두고 관찰해야 합니다. 투렛 증후군에는 동반되는 증상들이 많은 만큼 여러 성분이 들어 있는 약이 필요할 수도 있으니까요. 특히 사춘기는 생리적 욕구가 활발하게 표출되는 시기인데, 투렛 증후군 아이의 경우라면 그 욕구들이 이미 복잡해진 투렛 증후군의 증상들과 결합되어 더욱 예민해지기 때문입니다. 아이가 성장기나 사춘기라면 여러 성분을 적절하게 조절해야 합니다. 또 관찰할 때 인내심을 가져야 하고, 특히 낙담하지 말아야 하지요. 여자아이들의 경우는 좀 다른데, 오히려 틱과 강박증이 뒤섞인 불안 증상을 보입니다. 하지만 유의할 점이 있습니다. 여자아이든 남자아이든 투렛 증후군이 있는 모든 아이들은 강박 장애 진단을 받은 경우가 아니라도 강박증과 편집증을 보일 수 있다는 것이지요. 진단을 내리는 것은 전문가들이 할 일입니다.

부모는 아이의 기분 변화에 특별한 관심을 기울여야 합니다. '양극성 장애'라는 진단을 받는 경우도 있기 때문입니다. 양극성 장애란 지나치게 기쁘거나 지나치게 우울한 기분 상태가 반복적으로 나타나는 것을 말합니다. 투렛 증후군 아이들은 우울증을 보이는 경우가 많아 심하면 자해 행위가 나타날 수도 있습니다. 아이의 기분 변화를 전문가에게 이야기하면 아이가 바라는 것이 무엇인지 더 잘 파악하고 대처할 수 있습니다.

투렛 증후군 아이들은 저마다 특별한 부분이 있습니다. 아이들에게 나타나는 어려움들이 결합하는 양상도 저마다 다르고, 자라면서 틱의 특징이나 빈도, 강도도 변합니다. 사람들이 생각하는 것과는 달리 투렛 증후군이 있는 대부분의 사람들은 약을 먹지 않습니다. 약을 먹고 안 먹고는 개인의 선택이고, 각자 얼마나 고통스러운가에 결정이 달려 있습니다. 어른이 되면 틱이 진정되거나 줄어들 희망이 있습니다. 완전히 멈추는 경우도 있을 수 있습니다. 그런데 가끔은 심하게 스트레스를 받는 일이 생기면 틱이 다시 나타납니다.

누군가가 모욕적인 말을 하거나 상처가 되는 시선을 받았을 때 투렛 증후군 아이들은 세상과 담을 쌓고 싶을 수 있습니다. 하지만 이것은 좋은 생각이 아닙니다. 혼자만의 세상으로 움츠러들기보다는 세상으로 나가는 것이 중요합니다. 투렛 증후군과 관련된 모임이나 협회에 아이와 함께 참석해 보세요. 협회는 관심사와 정보를 나누는 장소입니다. 그곳을 찾는 대부분의 사람들에게 혼자가 아니라는 것을 느끼게 해 주고, 더 잘 이해하고 이해받을 수 있게 해 주지요. 그리고 이곳에서 다른 사람들에게 투렛 증후군이 무엇인지 설명하는 방법을 배우기도 합니다. 자신의 상태에 대해 사람들이 완전히 마음을 열고 있다는 것을 깨닫기도 하지요.

언젠가는 투렛 증후군이 있는 사람들도 더 이상 다른 사람들의 시선에 판단되는 존재가 아니라, 이해받고 받아들여지는 존재가 되는 날이 오리라 믿습니다.
이 책을 온 마음을 다하여 여러분에게 바칩니다. 이 책이 여러분이 바라는 것을 이루는 데 도움이 되기를 바랍니다.

틱과 투렛 증후군에 관한 오해와 진실

오해: 아이가 의사 선생님 앞에서 틱을 하지 않으면 결국 투렛 증후군 진단을 받을 수 없다?

진실: 평소와 다른 상황에서 틱이 나타나지 않는 경우는 자주 있습니다. 전문가를 잠깐 만나는 동안에 틱을 전혀 하지 않는 건 종종 있는 일이죠. 따라서 의사는 부모가 관찰한 내용과 부모가 하는 말을 믿어야 합니다. 자기 아이에 관해서는 부모가 전문가니까요. 또 이런 경우 동영상이 의사들에게 좋은 자료가 되므로 평소에 아이가 틱을 하는 장면을 촬영해 놓으면 도움이 됩니다.

오해: 성인이 되면 낫는다?

진실: 투렛 증후군은 평생 나타납니다. 이런 현실을 받아들여야 합니다. 하지만 나이가 들수록 증상이 변하는데, 일반적으로는 틱 증상의 심각성이 줄어들고 조절하기도 쉬워집니다.

오해: 투렛 증후군이 있는 사람들은 모두 상스러운 말을 한다?

진실: 투렛 증후군 환자 중 10~15퍼센트만이 욕설을 하는 증상을 보입니다. 투렛 증후군에 대한 이미지가 잘못 알려져 많은 사람들이 그렇게 오해를 하고 있을 뿐입니다.

오해 : 투렛 증후군이 있는 아이들은 버릇이 없다?

진실 : 아무리 교육을 잘 받아도 공공장소에서 틱을 하는 상황은 수시로 발생합니다. 모르는 사람들이 그 모습을 보면 그저 변덕스럽고 화를 잘 내는 아이라고 판단할 수도 있습니다. 하지만 그것은 틱 증상일 뿐 일부러 버릇없는 행동을 하는 것은 아닙니다. 하루 종일 일어난 여러 가지 일들이 아이의 감정을 건드렸을 수 있는데, 가족이 아닌 사람들은 결국 아이가 폭발하는 장면만을 보게 되는 것이지요. 투렛 증후군이 있는 아이가 상스러운 말을 하거나 반항하는 모습은 아이가 스트레스를 받고 있다는 반증이기도 합니다. 겉모습만으로 진실을 알 수는 없습니다.

틱과 투렛 증후군에 대해
더 알아보고 싶다면?

대한소아청소년정신의학회 (http://www.kacap.or.kr/)
소아청소년의 정신건강을 증진시키고 정신장애의 예방과 치료에 힘쓰며
소아청소년 그리고 그 가족의 삶의 질 향상을 위해 노력하는 전문가들의 모임입니다.

한국뚜렛병협회 (http://www.kotsa.org/)
투렛 증후군이 있는 사람들의 권익을 보호하고 그들이 각자의 능력을 펼칠 수 있도록
도우며 투렛 증후군에 대한 사회적 인식을 넓히는 활동을 하고 있습니다.

틱톡톡 (http://cafe.daum.net/ticdisorders)
틱 환우와 가족들이 모여 틱과 투렛 증후군 증상이나 치료법에 대해 이야기하고
마음을 나누는 모임입니다.

틱과 더불어 (http://cafe.daum.net/ticparents)
틱 자녀를 둔 부모들이 모여 좀 더 여유로운 마음으로 틱 자녀들의 현재와 미래를
준비하며 틱과 더불어 사는 지혜를 모색하는 공간입니다.

글쓴이 도미니크 베지나

초등학교 교사이자 투렛 증후군 아이 넷을 키우는 엄마입니다. 아이들을 키우는 동안
다른 사람들의 불편한 시선, 선입견, 조롱 등을 겪으며 투렛 증후군에 대한 사람들의 인식을 바꾸고
투렛 증후군 아이들이 있는 가정에 용기를 주고 싶어 이 책을 썼습니다.
2015년에는 캐나다 퀘벡 투렛증후군협회에서 수여하는 상을 받기도 했습니다.

옮긴이 김현아

한국외국어대학교 불어과를 졸업하고, 동 대학원에서 석사학위를 받았습니다.
전문번역가로 활동 중이며, 옮긴 책으로《반지의 제왕, 혹은 악의 유혹》《그림으로 보는 그리스 로마 신화》
《북아트를 통한 글쓰기》《소원을 들어주는 요정 꼬끼에뜨》《자폐가 뭔지 알려 줄게!》《시선의 폭력》등이 있습니다.

틱과 투렛 증후군이 뭔지 알려 줄게!

글쓴이 | 도미니크 베지나 **옮긴이** | 김현아 **추천·감수** | 안동현
펴낸이 | 곽미순 **책임편집** | 김하나 **디자인** | 김민서

펴낸곳 | 한울림스페셜 **편집** | 이은영 윤도경 김하나 김연정 **디자인** | 김민서 김윤희 **마케팅** | 공태훈 심혜정 **관리** | 김영석
등록 | 2008년 2월 13일(제318-2008-00016호) **주소** | 서울시 영등포구 당산로54길 11 래미안당산1차A 상가
대표전화 | 02-2635-1400 **팩스** | 02-2635-1415 **홈페이지** | www.inbumo.com **블로그** | blog.naver.com/hanulimkids

첫판 1쇄 펴낸날 2016년 1월 15일
ISBN 978-89-93143-49-2   77370

이 도서의 국립중앙도서관 출판예정도서목록(CIP)은 서지정보유통지원시스템 홈페이지(http://seoji.nl.go.kr)와
국가자료공동목록시스템(http://www.nl.go.kr/kolisnet)에서 이용하실 수 있습니다. (CIP제어번호: CIP2015036196)

*잘못된 책은 바꿔드립니다.